# BEI GRIN MACHT SICH IHR WISSEN BEZAHLT

AF163084

- Wir veröffentlichen Ihre Hausarbeit, Bachelor- und Masterarbeit

- Ihr eigenes eBook und Buch - weltweit in allen wichtigen Shops

- Verdienen Sie an jedem Verkauf

## Jetzt bei www.GRIN.com hochladen und kostenlos publizieren

**Bibliografische Information der Deutschen Nationalbibliothek:**

Die Deutsche Bibliothek verzeichnet diese Publikation in der Deutschen National-
bibliografie; detaillierte bibliografische Daten sind im Internet über http://dnb.d-
nb.de/ abrufbar.

Dieses Werk sowie alle darin enthaltenen einzelnen Beiträge und Abbildungen
sind urheberrechtlich geschützt. Jede Verwertung, die nicht ausdrücklich vom
Urheberrechtsschutz zugelassen ist, bedarf der vorherigen Zustimmung des Verla-
ges. Das gilt insbesondere für Vervielfältigungen, Bearbeitungen, Übersetzungen,
Mikroverfilmungen, Auswertungen durch Datenbanken und für die Einspeicherung
und Verarbeitung in elektronische Systeme. Alle Rechte, auch die des auszugsweisen
Nachdrucks, der fotomechanischen Wiedergabe (einschließlich Mikrokopie) sowie
der Auswertung durch Datenbanken oder ähnliche Einrichtungen, vorbehalten.

**Impressum:**

Copyright © 2019 GRIN Verlag
Druck und Bindung: Books on Demand GmbH, Norderstedt Germany
ISBN: 9783668948785

**Dieses Buch bei GRIN:**

https://www.grin.com/document/470080

Markus Roth

# Der Anwendungsbereich sowie der Anwendungsausschluss des UN-Kaufrechts (CISG)

GRIN Verlag

**GRIN - Your knowledge has value**

Der GRIN Verlag publiziert seit 1998 wissenschaftliche Arbeiten von Studenten, Hochschullehrern und anderen Akademikern als eBook und gedrucktes Buch. Die Verlagswebsite www.grin.com ist die ideale Plattform zur Veröffentlichung von Hausarbeiten, Abschlussarbeiten, wissenschaftlichen Aufsätzen, Dissertationen und Fachbüchern.

**Besuchen Sie uns im Internet:**

http://www.grin.com/

http://www.facebook.com/grincom

http://www.twitter.com/grin_com

DIPLOMA HOCHSCHULE

Private Fachhochschule Nordhessen


Studiengang zum Master of Laws

(Wirtschaftsrecht mit internationalen Aspekten)

1. Semester


Referat mit schriftlicher Ausarbeitung im Fach

Internationales Wirtschaftsrecht

zum Thema


**Der Anwendungsbereich sowie der Anwendungsausschluss des**

**UN-Kaufrechts (CISG)**


Autor: Markus Roth

Abgabedatum: München, am 08. Februar 2019

**Inhaltsverzeichnis**

Inhaltsverzeichnis...........................................................................................................I

Abkürzungsverzeichnis..................................................................................................II

1. Einleitung ................................................................................................................. 1

2. Der Anwendungsbereich des UN-Kaufrechts ........................................................... 2

    2.1 Gegenständlicher Anwendungsbereich.................................................................. 2

    2.2 Räumlich-persönlicher Anwendungsbereich ......................................................... 5

    2.3 Zeitlicher Anwendungsbereich ............................................................................. 7

3. Die Ausschlussregelungen des UN-Kaufrechts.......................................................... 8

    3.1 Der ausdrückliche Anwendungsausschluss ........................................................... 8

    3.2 Der konkludente Anwendungsausschluss............................................................... 9

4. Fazit ......................................................................................................................... 9

Quellenverzeichnis.......................................................................................................III

# Abkürzungsverzeichnis

| | | |
|---|---|---|
| Abs. | = | Absatz |
| AGB | = | Allgemeine Geschäftsbedingungen |
| Art. | = | Artikel |
| BGB | = | Bürgerliches Gesetzbuch |
| bzw. | = | beziehungsweise |
| CISG | = | United Nations Convention on Contracts for the International Sale of Goods |
| Dr. | = | Doktor |
| gem. | = | gemäß |
| Hrsg. | = | Herausgeber |
| HS | = | Halbsatz |
| IPR | = | Internationales Privatrecht |
| lit. | = | Litera |
| OLG | = | Oberlandesgericht |
| Rn. | = | Randnummer |
| S. | = | Seite |
| UN | = | United Nations |
| vgl. | = | Vergleich |
| z. B. | = | zum Beispiel |

# 1. Einleitung

Mit dem Beitritt Palästinas am 1.1.2019 zum Wiener Übereinkommen über Verträge über den internationalen Warenkauf[1] vom 11.4.1980 (nachfolgend „UN-Kaufrecht" oder „CISG") besteht diese Form eines besonderen völkerrechtlichen Vertrages zwischen aktuell nunmehr 89 Staaten. Der Geltungsbereich des UN-Kaufrechts erstreckt sich auf den grenzüberschreitenden Warenverkauf. Kommt es zu einem Kaufvertrag zwischen Vertragsparteien, welche in verschiedenen Staaten eine Niederlassung haben, kann das UN-Kaufrecht Anwendung finden, sofern es sich bei den Niederlassungsstaaten um Vertragsstaaten handelt bzw. das Internationale Privatrecht (IPR) zur Rechtsanwendung dieses Vertragsstaates führt. Hierbei kommt es sowohl auf gegenständliche Voraussetzungen (Warenerwerb) sowie auf räumliche Voraussetzungen (Vertragsstaat) an. Zudem ist es erforderlich, dass die erworbene Ware nicht nur dem persönlichen Gebrauch dient (persönliche Voraussetzungen) und der Zeitpunkt des Warenerwerbs nach dem Zeitpunkt des Inkrafttretens hinsichtlich des Übereinkommens zur Anwendung des UN-Kaufrechts liegt (zeitliche Voraussetzungen). Liegen also die genannten Voraussetzungen in gegenständlicher, räumlicher, persönlicher und zeitlicher Form vor, gilt die Anwendung des UN-Kaufrechts als vereinbart, sofern die Geltung nicht wirksam ausgeschlossen wurde (Opt-Out).[2]

Ziel und Motivation dieser schriftlichen Ausarbeitung eines Referats zum gegenständlichen Thema ist die nähere Betrachtung des Anwendungsbereichs des UN-Kaufrechts, dessen Anwendungsvoraussetzungen sowie der Ausschlussregelungen. Somit verfolgt das Referat den Blick vorwiegend auf das formelle Recht des UN-Kaufrechts und lässt das eigentliche materielle Recht des Übereinkommens weitgehend aus der Betrachtung.

Die Vorgehensweise beleuchtet im ersten Kapitel den Anwendungsbereich des UN-Kaufrechts in ausführlicher, aber nicht abschließender Weise. Im zweiten Kapitel werden stellvertretend und exemplarisch zwei Ausschlussformen betrachtet, um im dritten und letzten Kapitel einen kurzen Blick auf die Vor- und Nachteile von Einbindungs- bzw. Ausschlussszenarien des UN-Kaufrechts zu werfen.

---

[1] Auch bezeichnet als Internationales UN-Kaufrecht, Einheitliches UN-Kaufrecht, UNCITRAL-Kaufrecht oder Wiener Übereinkommen.
[2] Vgl. Güllemann, (Internationales Vertragsrecht, 2. Auflage, 2014), S. 151.

## 2. Der Anwendungsbereich des UN-Kaufrechts

Eine nähere Regelung hinsichtlich der Anwendungsvoraussetzungen findet sich in den Artikeln 1-3 sowie im Artikel 100 des UN-Kaufrechts. Diese Regelungen werden inhaltlich in ihrem Wesensgehalt nun näher betrachtet. Die Ausführungen erheben allerdings aufgrund der quantitativen Begrenzung dieses Referats keinen Anspruch auf allumfassende Vollständigkeit. Sofern nicht anders dargelegt, ist bei der Verwendung von juristischen Artikeln stets das CISG herangezogen.

### 2.1 Gegenständlicher Anwendungsbereich

Das UN-Kaufrecht findet nur im Rahmen von Warenkaufverträgen Anwendung (Art. 1 Abs. 1 HS 1).[3] Die Begriffe des Kaufvertrages und der Waren sind im CISG nicht näher definiert, jedoch autonom zu bestimmen (Art. 7 Abs. 1), was im Hinblick auf die im CISG geregelten Vertragspflichten den begründeten Schluss zulässt, dass mit dem Kaufvertragsbegriff ein Austauschvertrag Ware gegen Geld gemeint ist.[4] Die Schlussfolgerung ergibt sich aus den Artikeln 30 und 53 des UN-Kaufrechts. Gemäß dem Art. 30 verpflichtet sich der Verkäufer zur Lieferung und Verschaffung des Eigentums an einer Sache sowie zur Übergabe entsprechender urkundlicher Dokumente, während der Käufer gem. Artikel 53 in die Pflicht tritt die Ware abzunehmen und den vereinbarten Kaufpreis zu zahlen. Die dadurch entstehende Bestimmungsautonomie eröffnet durchaus Möglichkeiten zur Gestaltung von Unterformdefinitionen des Kaufvertragsbegriffes und lässt somit insbesondere den Versendungskauf, den Sukzessivlieferungsvertrag, den Spezifikationskauf, einen Kauf auf Probe oder nach Muster, ein Streckengeschäft oder Vereinbarungen hinsichtlich Vorkaufs- bzw. Rückkaufsrechten oder Wiederkaufoptionen in den Anwendungsbereich des UN-Kaufrechts rücken. Überwiegend werden sich in der Anwendungspraxis ein Gattungskauf, aber auch der ebenso erfassungsmögliche Stückkauf zur Subsumtion erfassen lassen.[5]

Etwas schwieriger wird die Abgrenzung innerhalb von Vertragstypen, welche lediglich Kaufvertragselemente in sich tragen und dabei zu bestimmen ist, ob innerhalb solcher gemischten Verträge das CISG Anwendung finden kann. Hierbei ist zu beachten, dass anders als bei Schwierigkeiten innerhalb von nationalen Innominatverträgen[6] im CISG

---

[3] Vgl. Lorenz in: Witz/Salger/Lorenz, (International Einheitliches Kaufrecht, 2. Auflage, 2016), S. 20, Rn. 5.
[4] Vgl. Achilles in: Ensthaler, (Gemeinschaftskommentar zum Handelsrecht mit UN-Kaufrecht, 8. Auflage, 2015), S. 1715, Rn. 2.
[5] Vgl. Saenger in: Ferrari/Kieninger/Mankowski, (Internationales Vertragsrecht, 3. Auflage, 2018), S. 531, Rn. 3.
[6] Vgl. Vertrag sui generis; schuldrechtlicher Vertragstyp, der nicht ausdrücklich gesetzlich geregelt ist.

keine Aufspaltung in Anwendungsbereiche teils nationaler Vorschriften, teils das CISG, vorgesehen ist. Im Grundsatz untersteht ein Vertrag als gesamtes Vertragswerk des CISG oder gar nicht. Die ausnahmsweise vorgesehene Zuordnung des kaufmännischen Teiles eines Vertrages unter das CISG kann nur in solchen Fällen vorgenommen werden, wenn bestimmte Vertragsteile ohne ein großes Risiko hinsichtlich des Gesamtzusammenhangs voneinander getrennt verschiedenen Rechtsordnungen unterworfen werden.[7] Mit Hinblick auf die Anwendbarkeitsfrage des CISG bei bestimmten Vertragstypen, welche nicht nur ausschließlich die Lieferung und Eigentumsverschaffung der vertragsgegenständlichen Waren vorsehen, sondern ebenso die Notwendigkeit eines Herstellungsprozesses und die dadurch im Wert verbundene Arbeitseinsatzleistung erfordern, enthält Artikel 3 des CISG zwei wichtige Abgrenzungsregelungen.[8] Zum einen beschäftigt sich Artikel 3 Abs. 1 CISG konzeptionell mit dem Werklieferungsvertragstyp. Diese fallen unter den Anwendungsbereich des UN-Kaufrechts, sofern nicht der Besteller selbst einen wesentlichen Teil der Materialien, welche für die Herstellung der bestellten Waren vonnöten sind, zur Verfügung stellt.[9] Hinsichtlich des unbestimmten Wesentlichkeitsbegriffes geht die herrschende Meinung überwiegend davon aus, dass eine Wesentlichkeit dann vorliegt, wenn der Besteller wertmäßig mehr zur Herstellung zur Verfügung stellt als die andere Vertragspartei, somit also im Wertverhältnis hinsichtlich der beigesteuerten Materialien überwiegt.[10] Die dem § 651 Satz 3 BGB zuzuordnende Unterscheidung hinsichtlich vertretbarer und nicht vertretbarer Sachen oder auch die Unterscheidung in Gattungs- und Stücksachen spielt im CISG hingegen keine Rolle. Auch für Einzelanfertigungen kann das CISG problemlos zur Anwendung kommen, sofern das beigesteuerte Materialienwertverhältnis des Bestellers nicht überwiegt. Unterfällt ein Sachverhalt dem Anwendungsbereich des Artikel 3 Abs. 1, wird das Regelwerk des UN-Kaufrechts einschließlich der Herstellung einer Kaufsache insgesamt auf die Vorgänge innerhalb des Vertragsgegenstandes angewendet.[11] Zum anderen befasst sich Artikel 3 Abs. 2 CISG mit Mischformvertragstypen, welche neben der Pflicht zur Lieferung und Eigentumsverschaffung an einer bestimmten Sache bzw. an Sachen ebenso die Verpflichtung zur Durchführung von Dienstleistungen in einem Vertragswerk zusammennehmen.[12] Einen solchen Ver-

---

[7] Vgl. Siehr in: Honsell, (Kommentar zum UN-Kaufrecht, 2. Auflage, 2010), S. 29, Rn. 2.
[8] Vgl. Schlechtriem/Schroeter, (Internationales UN-Kaufrecht, 6. Auflage, 2016), S. 37, Rn. 65.
[9] Vgl. Siehr in: Honsell, (Kommentar zum UN-Kaufrecht, 2. Auflage, 2010), S. 29, Rn. 3.
[10] Vgl. Schlechtriem/Schroeter, (Internationales UN-Kaufrecht, 6. Auflage, 2016), S. 38, Rn. 67.
[11] Vgl. Schlechtriem/Schroeter, (Internationales UN-Kaufrecht, 6. Auflage, 2016), S. 38, Rn. 66.
[12] Vgl. Schlechtriem/Schroeter, (Internationales UN-Kaufrecht, 6. Auflage, 2016), S. 40, Rn. 71.

tragstyp könnte beispielsweise ein Kaufvertrag mit einer einhergehenden Montagever-
pflichtung oder einer In-Betrieb-Setzungspflicht des Lieferanten darstellen. In solchen
Sachverhalten kommt es auch hierbei auf den Rang des monetären Wertes der Dienstleis-
tungspflicht an, welcher im Anteil in den gesamten Kosten nicht überwiegen darf, also
von nur untergeordneter Bedeutung bleiben darf, sofern das CISG zur Anwendung kommen soll.[13] Die Beweislast hinsichtlich einer Nichtanwendbarkeit des UN-Kaufrechts
trägt innerhalb solchen Sachverhalten die Partei, welche die Nichtanwendbarkeit behaup-
tet.[14] Schlussfolgernd aus dem Umkehrschlussprinzip lässt sich konstatieren, dass Ar-
beitsverträge oder überwiegende Dienstleistungsverträge nicht dem Anwendungsbereich
des CISG unterfallen. Dies gilt ebenso für Tauschverträge, Schenkungen, Lizenzverträge,
Geschäftsbesorgungsverträge, Garantieverträge, Vertriebsverträge oder Mietverträge
ohne Mietkaufkomponente, also innerhalb all jenen Vertragstypen, welche nicht oder
nicht überwiegend ein Kaufvertragsgeschäft mit Hinblick auf Waren zum Vertragsgegen-
stand haben.[15] Gemäß Artikel 2 CISG bleiben explizit Waren aus dem Anwendungsbereich des UN-Kaufrechts ausgeschlossen, welche aus Versteigerung, Zwangsvollstre-
ckungs- oder anderen gerichtliche Maßnahmen stammen, Wertpapiere wie auch Zah-
lungsmittel, See- und Binnenschiffe, Luft- wie Luftkissenfahrzeuge und ebenso elektri-
sche Energie.[16]
Der Warenbegriff des Artikel 1 Abs.1 HS 1 CISG bezieht sich auf körperliche Sachen,
welche zum Lieferzeitpunkt beweglich sind. Erfasst sind auch Tiere und Sachgesamthei-
ten. Auf die Existenz der Sachen zum Zeitpunkt des Vertragsschlusses hingegen kommt
es nicht an. Die Sachen können zum selbigen Zeitpunkt ebenso noch unbeweglich sein,
wie das beispielsweise in der Landwirtschaft ein Fall sein könnte, wenn der Kaufvertrag
noch vor der Ernte geschlossen wird und die Sache noch fest mit dem Boden verbunden
ist.[17] Grenzfälle wie z. B. Computersoftware werden in Einzelfallabwägung nach dessen
Umständen subsumiert. Hierbei kommt es wiederum darauf an, ob das noch aufzubrin-
gende oder umzusetzende „Know-how" den wesentlichen Gegenstand des Vertrages definiert, oder die Veräußerung den wesentlichen Gehalt des Kaufvertrages bestimmt, so
dass hierbei wohl weitgehend nur Standardsoftware vom Anwendungsbereich des CISG

---

[13] Vgl. Siehr in: Honsell, (Kommentar zum UN-Kaufrecht, 2. Auflage, 2010), S. 30, Rn. 5.
[14] Vgl. Siehr in: Honsell, (Kommentar zum UN-Kaufrecht, 2. Auflage, 2010), S. 31, Rn. 7.
[15] Vgl. Saenger in: Ferrari/Kieninger/Mankowski, (Internationales Vertragsrecht, 3. Auflage, 2018), S. 531,
    Rn. 4.
[16] Auf den Sonderfall der Konsumentenkäufe geht dieses Referat im persönlichen Anwendungsbereich gesondert ein.
[17] Vgl. Saenger in: Ferrari/Kieninger/Mankowski, (Internationales Vertragsrecht, 3. Auflage, 2018), S. 532,
    Rn. 6.

erfasst werden kann, weil die erst noch herzustellende Software eher dem Werksvertrag als dem Kaufvertrag ähnlich wäre.[18]

## 2.2 Räumlich-persönlicher Anwendungsbereich

Um die für die Konventionsanwendung maßgebliche Internationalität festzustellen, ist es erforderlich, dass beide Vertragsparteien jeweils ihre Unternehmensniederlassungen in verschiedenen Vertragsstaaten haben und somit den erforderlichen grenzüberschreitenden Charakter des Vertragswerkes erfüllen (Art. 1 Abs. 1 Ziffer a). Auch die Vereinbarung der Parteien untereinander zur Geltung des CISG führen innerhalb von internationalen Warenkaufgeschäften zu deren Anwendbarkeit (Art. 6). Alternativ wäre im Sinne eines Staaten-Charakters ebenso zulässig, wenn das IPR zur Rechtsanwendung des CISG führt (Art. 1 Abs. 1 Ziffer b) und keine Vorbehaltserklärung gemäß Art. 95 CISG vorliegt. Allerdings gibt es Ausnahmesachverhalte zu beachten, innerhalb welcher das UN-Kaufrecht gemäß Art. 1 Abs. 1 sowie den Artikeln 2-5, 100 zwar anwendbar wäre, ausnahmsweise allerdings nicht zur Anwendung kommt. Solche Ausnahmesachverhalte sind beispielsweise gegeben, wenn zum Zeitpunkt des Vertragsabschlusses der vertragliche Auslandsbezug im Sinne von Niederlassungen der Parteien in verschiedenen Staaten nicht erkennbar war (Art. 1 Abs. 2), die Parteien fakultativ das UN-Kaufrecht als Anwendungsgegenstand ganz oder in Teilen ausgeschlossen haben (Art. 6), die Vertragsstaaten selbst den Geltungsbereich des CISG beschränkt haben[19] (Art. 92) oder einen Vorbehalt gemäß Art. 95 einlegten.[20] Problematisch erscheint innerhalb dieser Betrachtungskategorien ebenso der Niederlassungsbegriff. Dieser ist im UN-Kaufrecht selbst nicht näher definiert und somit autonom zu bestimmen (Art. 7 Abs. 1). Das OLG Stuttgart stellt in einem Urteil vom 28.2.2000[21] die Niederlassung als einen Ort dar, von welchem aus schwerpunktmäßig die tatsächliche Geschäftstätigkeit stattfindet, was eine gewisse Dauer, Standortstabilität und selbstständige Handlungskompetenzen voraussetzt. Demzufolge kann es somit in diesem Zusammenhang innerhalb des Niederlassungsbegriffes im UN-Kaufrecht nicht mehr auf kollisionsrechtliche Überlegungen mit Hinblick auf das Gesellschaftsstatut (Gründungs- oder Sitztheorie) ankommen.[22] In Konstellationen der Involvierung einer natürlichen Person als Vertragspartei ist anstelle der nicht vorhandenen Niederlassung

---

[18] Vgl. Lorenz in: Witz/Salger/Lorenz, (International Einheitliches Kaufrecht, 2. Auflage, 2016), S. 21, Rn. 6.
[19] Genannt seien exemplarisch die fünf skandinavischen Vertragsstaaten.
[20] Vgl. Siehr in: Honsell, (Kommentar zum UN-Kaufrecht, 2. Auflage, 2010), S. 12, Rn. 5.
[21] Vgl. OLG Stuttgart, Urteil vom 28.2.2000, 5 U 118/99.
[22] Vgl. Schlechtriem/Schroeter, (Internationales UN-Kaufrecht, 6. Auflage, 2016), S. 15, Rn. 25.

ersatzweise der gewöhnliche Aufenthalt innerhalb der räumlichen Kontexteinbettung heranzuziehen (Art. 10 lit. b). Für den anderen Fall von mehreren Niederlassungen, beispielsweise von Haupt- und Zweigniederlassungen, soll jene Niederlassung herangezogen werden, welche maßgeblich durch die engste Vertragsbeziehung und seiner Erfüllung in Erscheinung tritt.[23] Daraus lässt sich schließen, dass bereits eine Zweigniederlassung genügt und die Berücksichtigung des Hauptniederlassungsortes innerhalb der Abwägung zur Anwendbarkeit des UN-Kaufrechts nicht zwingend notwendig werden muss.[24] Weil also stets nur auf die Niederlassung der involvierten Vertragspartei abzustellen ist, kann eine rechtlich selbstständige Tochtergesellschaft unter Außerachtlassung ihrer Konzernzugehörigkeit ein Kaufgeschäft mit einer anderen Gesellschaft innerhalb des Konzernverbundes tätigen und unter den sonstigen Voraussetzungen dem UN-Kaufrecht durchaus unterfallen. Kriterien wie beispielsweise die Staatsangehörigkeit der Parteien oder der Sitz der für eine Partei handelnden Vertreter, die selbst keine Partei sind, bleiben hingegen mit Hinblick auf die räumlichen Anwendungsvoraussetzungen unerheblich.[25] Der räumliche Anwendungskontext des CISG erkennt, wie bereits kurz angedeutet, eine notwendig hinreichende Sichtbarkeit des Umstandes, dass sich die beteiligten Vertragspartner in verschiedenen Staaten befinden. Dadurch soll sichergestellt sein, dass ein internationaler Kauf mitsamt seiner möglichen abweichenden Kaufrechtsordnung für alle Vertragsparteien deutlich als solcher hervortritt und nicht missverständlich zuerst als reines Inlandsgeschäft aufgefasst werden könnte. Als diesbezügliche Erkenntnisquellen gelten sowohl der Vertrag als auch seine vorbereitenden geführten Verhandlungen, ebenso wie vorangegangene Geschäftsbeziehungen und daraus gewonnen Auskünfte, wobei aus Gründen der Rechtssicherheit und der Quellenauthentizität direkt von der Partei stammende oder autorisierte Erklärungen zu berücksichtigen sind und Auskünfte bzw. Hinweise Dritter keine rechtliche Berücksichtigung finden sollten.[26]

Neben der zuvor erwähnten Staatszugehörigkeit der Parteien bleiben zudem die Konstellation dahingehend, ob die Parteien Kaufleute oder Nichtkaufleute sind, ebenso wie die Tatsache, ob es sich um einen handelsrechtlichen oder bürgerlich-rechtlichen Vertrag

---

[23] Vgl. Schlechtriem/Schroeter, (Internationales UN-Kaufrecht, 6. Auflage, 2016), S. 15, Rn. 25a.
[24] Vgl. Lorenz in: Witz/Sager/Lorenz, (International Einheitliches Kaufrecht, 2. Auflage, 2016), S. 25, Rn. 9.
[25] Vgl. Saenger in: Ferrari/Kieninger/Mankowski, (Internationales Vertragsrecht, 3. Auflage, 2018), S. 536, Rn. 11.
[26] Vgl. Achilles in: Ensthaler, (Gemeinschaftskommentar zum Handelsrecht mit UN-Kaufrecht, 8. Auflage, 2015), S. 1717, Rn. 8.

handelt, aus der CISG-Anwendungsbetrachtung außen vor.[27] Es kommt mitunter wesentlich mit darauf an, welcher beabsichtigte Gebrauchszweck zum Zeitpunkt des Vertragsschlusses zugrunde lag, so dass es auf eine nachträgliche Änderung dieses Zweckes nicht mehr weiter ankommt. Der Verbraucherkauf ist somit dem Grunde nach und im Hinblick auf eine Vielzahl möglicher Kollisionen mit nationalen verbraucherschutzrechtlichen Regelungen dem Anwendungsbereich des CISG entzogen.[28] Abzugrenzen von diesem Privatgebrauch ist die Sphäre des beruflich-geschäftlichen Gebrauchs durch einen Verbraucher. Nicht die persönliche Eigenschaft innerhalb des Verbraucherbegriffes ist maßgebend, sondern die Sphäre des Kaufgeschäftes. Zielt die Anschaffung auf die innerhalb beruflicher Zwecke verbundenen Verwendung ab, wie beispielsweise der Kauf von Berufskleidung, bliebe bei dem Vorliegen aller sonstigen notwendigen Voraussetzungen die Konvention durchaus im Anwendungsbereich, da die historische Betrachtung des zweiten Artikel in lit. a eine enge Auslegungsweise ohne weitreichende Wertungsspielräume vorsieht. Selbiges Verbleiben von Verbrauchergeschäften im Anwendungsbereich des UN-Kaufrechts bei allen sonstigen vorliegenden Voraussetzungen ist vorgesehen, wenn der Verkäufer den für den privaten Gebrauch gedachten Verwendungszweck des Käufers nicht erkennen konnte.[29] Entscheidend ist somit stets die Betrachtung des Einzelfalls.

## 2.3 Zeitlicher Anwendungsbereich

Gemäß Artikel 100 Abs. 1 CISG sind die Vorschriften zum Vertragsabschluss unter Einbeziehung des UN-Kaufrechts nur dann anwendbar, wenn zum Zeitpunkt der Angebotsabgabe das CISG in beiden Vertragsstaaten bereits galt oder eine IPR-rechtliche Verweisung auf das Recht eines Staates, welches Mitglied des Übereinkommens ist, rechtsgültig war. Die darüber hinaus gehenden materiell-rechtlichen Regelungen im Warenkaufvertrag haben nur dann Gültigkeit, wenn im Zeitpunkt des Vertragsschlusses in beiden Vertragsstaaten das UN-Kaufrecht in Kraft getreten war oder eine wirksame IPR-Verweisung vorlag (Art. 100 Abs. 2 CISG).[30]

---

[27] Vgl. Güllemann, (Internationales Vertragsrecht, 2. Auflage, 2014), S. 158.
[28] Vgl. Achilles in: Ensthaler, (Gemeinschaftskommentar zum Handelsrecht mit UN-Kaufrecht, 8. Auflage, 2015), S. 1720, Rn. 1.
[29] Vgl. Achilles in: Ensthaler, (Gemeinschaftskommentar zum Handelsrecht mit UN-Kaufrecht, 8. Auflage, 2015), S. 1720, Rn. 2.
[30] Vgl. Güllemann, (Internationales Vertragsrecht, 2. Auflage, 2014), S. 158.

## 3. Die Ausschlussregelungen des UN-Kaufrechts

Auf Grundlage geltender Prinzipien von Privatautonomie und Vertragsfreiheit können neben den im vorangegangenen Kapital zwingenden Ausschlussgründen des UN-Kaufrechts auch fakultative Ausschlussgründe zugrunde gelegt werden. Im Hinblick auf eine nicht unerhebliche Praxisrelevanz will dieses Referat in seinem Schlussteil stellvertretend für diesen Themenkomplex eine Betrachtung von ausdrücklichen und konkludenten Ausschlüssen des CISG vornehmen. Fakultative Abweichungen vom CISG oder dessen fakultative explizite Anwendungsvereinbarung werden an dieser Stelle nicht näher beleuchtet.

### 3.1 Der ausdrückliche Anwendungsausschluss

Liegen die Anwendungsvoraussetzungen des UN-Kaufrechts vor, obliegt es den Parteien zu bestimmen, ob auf ihren Warenkaufvertrag das Übereinkommen Anwendung finden soll. Gleichwohl kann im Sinne des Artikel 6 des Übereinkommens mittels übereinstimmender Willenserklärungen die Anwendung des UN-Kaufrechts ausgeschlossen werden. Üblicherweise wird ein ausdrücklicher Anwendungsausschluss direkt im Vertragswerk vereinbart. Allerdings käme auch ein wirksamer Ausschluss über die ebenso wirksame Einbeziehung von Allgemeinen Geschäftsbedingungen in Betracht. Der Weg des Ausschlusses über die Allgemeinen Geschäftsbedingungen birgt allerdings nicht unerhebliche Risiken. So können Fehlbezeichnungen sowie nicht eindeutig bestimmbare Begriffsverwendungen zulasten des Verwenders zu einer nicht gelungen wirksamen Einbindung der AGB führen. Zudem wäre vorstellbar, dass aufgrund einer zunehmenden Verwendung des CISG innerhalb einschlägiger Warenkaufgeschäfte dessen Ausschluss eine überraschende Klausel darstellen kann und über diesen argumentativen Weg die wirksame Einbindung der AGB nicht gelingt.[31] Aufgrund fehlender zeitlicher Schranken innerhalb des Artikel 6 CISG würde die beiderseitig willenserklärte Änderung der Rechtswahl allerdings sowohl nachträglich als auch selbst noch im prozessualen Stadium innerhalb der ordentlichen sowie der Schiedsgerichtbarkeit wirksam vorgenommen werden können.[32]

---

[31] Vgl. Lorenz in: Witz/Salger/Lorenz, (International Einheitliches Kaufrecht, 2. Auflage, 2016), S. 80, Rn. 3.
[32] Vgl. Schlechtriem/Schroeter, (Internationales UN-Kaufrecht, 6. Auflage, 2016), S. 31, Rn. 56.

## 3.2 Der konkludente Anwendungsausschluss

Dem konkludenten oder auch stillschweigenden Anwendungsausschluss ist die theoretische Möglichkeit eingeräumt; im Regelfall der Praxissachverhalte aber restriktiv zu begegnen. Dies begründet sich mitunter darin, dass häufig die Vertragsparteien die Frage des im Bedarfsfall anwendbaren Rechts nicht hinreichend bedacht, oder die Anwendung des UN-Kaufrechts schlichtweg übersehen haben. Innerhalb dieser wohl am häufigsten vorkommenden Sachverhaltskonstellationen sollte der fehlende Erklärungswille den wirksamen Ausschluss des CISG verhindern, was die praktische Anwendbarkeit des konkludenten Anwendungsausschlusses seine Komplikation verleiht.[33] Dieser konkludente Ausschluss des UN-Kaufrechts setzt den erkennbaren Abwählwillen einer vernünftigen Person im Sinne des Artikel 8 Abs. 2 CISG voraus, welcher regelmäßig in den überwiegenden Sachverhalten fehlt, wenn der Ausschluss aufgrund mangelnder Kenntnis hinsichtlich der Einschlägigkeit des Anwendungsvorrangs zustande kommen soll.[34] Demzufolge ergibt sich in der Schlussfolgerung des Artikel 8 CISG, dass die Positivformulierung hinsichtlich einer bestimmten Rechtswahl nicht per se den (konkludenten) Willen zum Ausschluss des UN-Kaufrechts in sich trägt. Ein vertraglicher Hinweis darauf, dass beispielsweise nur deutsches Recht zur Anwendung kommen soll, wäre nicht hinreichend als Ausschlusswille des UN-Kaufrechts auslegbar, weil durch eine solche Positivformulierung das CISG sachlich eingeschlossen ist, was sich dadurch begründet, dass das CISG durch seine Ratifizierung Teil der nationalen Rechtsordnung geworden ist.[35] Somit wäre aus Rechtsschutzgründen die spezifische Formulierung einer Ausschlussklausel als rechtssicherer Lösungsansatz und zum klaren Beweis der eindeutigen und bestimmten Willenserklärung einem konkludenten, stillschweigenden Ansatz zum wirksamen Anwendungsausschluss vorzuziehen.

## 4. Fazit

Das Regelwerk des UN-Kaufrechts („CISG") ist dispositiv und unterliegt dem Anwendungswillen der Kaufvertragsparteien, welche die Anwendungsvoraussetzungen erfüllen. Das Fazit stellt auf Grundlage der innerhalb des Referats gewonnen Erkenntnisse die Frage nach den Vor- und Nachteilen im Zusammenhang mit der Anwendung bzw. dem

---

[33] Vgl. Lorenz in: Witz/Salger/Lorenz, (International Einheitliches Kaufrecht, 2. Auflage, 2016), S. 82, Rn. 6.
[34] Vgl. Schlechtriem/Schroeter, (Internationales UN-Kaufrecht, 6. Auflage, 2016), S. 31, Rn. 56.
[35] Vgl. Schlechtriem/Schroeter, (Internationales UN-Kaufrecht, 6. Auflage, 2016), S. 29, Rn. 52.

Ausschluss des CISG. Zuerst scheint es naheliegend, wenn jede Vertragspartei zur Anwendung des eigenen meist gut bekannten Heimatrechts tendiert. Hier offenbart sich eine erste Stärke des UN-Kaufrechts, welches aufgrund seiner hohen Verbreitung und breiten Akzeptanz kein vollkommen neues, fremdes Recht mehr darstellt und zudem in mittlerweile sechs Weltsprachen zur Verfügung steht. Ein weiterer wesentlicher Vorteil des UN-Kaufrechts ist seine wissenschaftliche Aktualität, weil es aufgrund seiner Verbreitung und Anerkennung im Fokus weltweiter wissenschaftlicher Forschungstätigkeit liegt. Mit dem CISG im Zusammenhang stehende Gerichtsentscheidungen erfreuen sich schnell und einfach zugänglicher Präsenz innerhalb brauchbarer Datenbanken. Dies mindert Transaktionskosten für nationale Rechtsberatungsdienstleistungen. Aus deutscher Sicht spricht für die Anwendung des UN-Kaufrechts eine materiell-rechtliche Nähe zum BGB, da sich das jüngste Schuldrechtsmodernisierungsgesetz stark mitunter am UN-Kaufrecht orientierte.[36]

Nachteilig zu sehen ist der Umstand, dass sich das UN-Kaufrecht teilweise als noch lückenhaft erweist und mitunter unbestimmte Rechtsbegriffe verwendet. Zudem gibt es kein einheitlich zuständiges internationales Gericht, so dass das UN-Kaufrecht nicht stets einheitlich durch nur eine zuständige Gerichtsbarkeit angewendet und ausgelegt wird.

Innerhalb der Gesamtbetrachtung kann begründet der Schluss gezogen werden, dass die Vorteile den Nachteilen überwiegen und das Übereinkommen als Einheitskaufrecht seinen weiteren Vorstoß sowie weiterführende Rechtsfortbildung finden wird.

---

[36] Vgl. Güllemann, (Internationales Vertragsrecht, 2. Auflage, 2014), S. 150.

**Quellenverzeichnis**

[1]     ACHILLES, Wilhelm-Abrecht in: ENSTHALER Jürgen (Hrsg.), Gemeinschafts-
        kommentar zum Handelsrecht mit UN-Kaufrecht, 8. Auflage, 2015, Luchterhand
        Verlag, Köln

[2]     GÜLLEMANN, Dirk, Internationales Vertragsrecht, 2. Auflage, 2014, Verlag
        Franz Vahlen, München

[3]     LORENZ, Manuel in: WITZ Wolfang, SALGER, Hanns-Christian, LORENZ,
        Manuel, International Einheitliches Kaufrecht, 2. Auflage, 2016, dfv Medien-
        gruppe, Frankfurt am Main

[4]     OLG Stuttgart, Urteil vom 28.2.2000, 5 U 118/1999

[5]     SAENGER, Ingo in: FERRARI, Franco, KIENINGER, Eva-Maria, MAN-
        KOWSKI, Peter, Internationales Vertragsrecht, 3. Auflage, 2018, Verlag
        C.H.Beck, München

[6]     SCHLECHTRIEM, Peter, SCHROETER, Ulrich, Internationales UN-Kaufrecht,
        6. Auflage, 2016, Mohr Siebeck, Tübingen

[7]     SIEHR, Kurt in: HONSELL, Heinrich (Hrsg.), Kommentar zum UN-Kaufrecht,
        2. Auflage, 2010, Springer Verlag, Berlin

# BEI GRIN MACHT SICH IHR WISSEN BEZAHLT

- Wir veröffentlichen Ihre Hausarbeit,
  Bachelor- und Masterarbeit

- Ihr eigenes eBook und Buch -
  weltweit in allen wichtigen Shops

- Verdienen Sie an jedem Verkauf

## Jetzt bei www.GRIN.com hochladen und kostenlos publizieren